Paris
1878

Jourdain, Charles-Marie-Gabriel Brechillet

La taxe des logements dans l'université de Paris

LA

TAXE DES LOGEMENTS DANS L'UNIVERSITÉ DE PARIS.

Une des préoccupations les plus sérieuses du père de famille qui envoie ses enfants au loin, dans une ville inconnue, pour y commencer ou pour y continuer leurs études, c'est assurément de leur ménager un gîte convenable qui remplace passagèrement pour eux le toit paternel. Cette préoccupation tient aux sentiments les plus profonds de la nature humaine : aussi n'est-elle pas particulière à notre époque; elle existait déjà au moyen âge, et on peut dire qu'elle n'était pas alors moins générale ni moins vive qu'elle ne l'est aujourd'hui; mais elle n'obtenait pas satisfaction aussi facilement que de nos jours, et il est à présumer qu'à l'origine, le plus grand nombre des mères à qui la sagesse conseillait de se séparer de leurs fils, afin de leur procurer le bienfait de l'instruction, ne les voyaient pas sans une inquiétude mortelle, prendre le chemin de l'Université de Paris ou de l'Université d'Oxford.

Lorsque Abélard eut ouvert une école sur la montagne Sainte-Geneviève, une multitude d'auditeurs venus de tous les pays de l'Europe se pressa autour de sa chaire. Sous Philippe-Auguste, Paris s'appelait déjà la cité des philosophes, *civitas philosophorum*, et comptait dans ses murs, dit l'historien Rigord[1], plus

---

1. « In diebus illis studium litterarum florebat Parisius, nec legimus tantam aliquando fuisse scholarium frequentiam Athenis vel Ægypti vel in qualibet parte mundi quanta locum predictum studendi gratia incolebat; quod non solum fiebat propter loci illius admirabilem amœnitatem et bonorum omnium superabundantem affluentiam, sed etiam propter libertatem

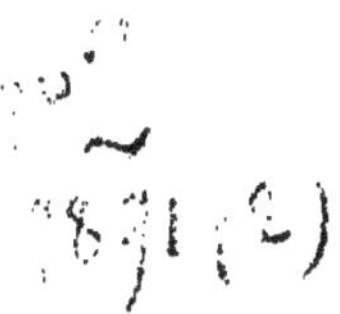

d'étudiants que n'en eut jamais ni Athènes, ni l'Égypte, ni aucune contrée du monde. Et ce qui attirait ces étudiants, continue le même historien, ce n'étaient pas seulement l'admirable beauté du site de Paris et les jouissances que chacun pouvait s'y procurer; c'étaient les garanties et les priviléges que Philippe-Auguste et avant lui son père avaient accordés aux écoliers.

Cette nombreuse jeunesse accourue d'Angleterre, d'Allemagne, d'Italie, même des contrées septentrionales comme la Suède et le Danemark, à plus forte raison des provinces de France, notamment de la Normandie et de la Picardie, s'était groupée sur la rive gauche de la Seine, dans le quartier où venaient de s'élever les premières écoles, qui s'est longtemps appelé le quartier de l'Université, et qui a retenu, sinon dans la langue officielle, du moins dans le langage usuel, le nom de quartier latin. Mais comment parvenait-elle à se loger? Il n'a pas toujours existé à Paris des colléges pour y donner l'hospitalité aux étudiants venus de loin; et même après l'établissement des premiers colléges, ni les bourses comprises dans leur fondation, ni les pensionnats qui ne tardèrent pas à se multiplier, ne suffisaient pour donner un asile à la foule de ceux qui fréquentaient les écoles de l'Université. Où donc allaient-ils chercher un gîte? A quelles conditions l'obtenaient-ils? Quelles mesures l'autorité ecclésiastique et l'autorité civile avaient-elles prises à cet égard? Il semble que la question n'est pas dépourvue d'intérêt. Quoiqu'elle n'ait pas échappé à Du Boulay ni à son abréviateur Crevier, elle est restée assez obscure, pour qu'il ne soit pas hors de propos d'y insister. Sans prétendre apporter des documents nouveaux et inédits, nous nous contenterons de mettre à contribution plus complètement qu'on ne l'a fait jusqu'ici, les documents déjà publiés; et peut-être le rapprochement des indications qu'ils contiennent nous fournira-t-il quelques lumières nouvelles et utiles sur le sujet dont il s'agit.

Paris a possédé des écoles et même des écoles florissantes bien avant qu'elles fussent constituées à l'état d'*Université*. Le premier monument authentique concernant l'Université de Paris est la charte célèbre datée de Fontainebleau, en l'année 1200, par laquelle Philippe-Auguste prend les écoliers sous sa protection,

---

et specialem prerogativam defensionis, quam Philippus rex et pater ejus ante ipsum ipsis scholaribus impendebant. » (Du Boulay, *Hist. univ.*, t. III, p. 25. Cf. *Recueil des hist. de France*, t. XVII.)

défend au prévôt de la ville de les maltraiter, et en cas de délit de leur part, renvoie le jugement de l'affaire à la juridiction ecclésiastique. De même, l'acte le plus ancien, à notre connaissance, où il soit fait mention du logement des écoliers, est l'ordonnance promulguée dans le courant du mois d'août de l'an de grâce 1215, par le cardinal Robert de Courson. Écartant les dispositions de cet important statut relatives à la tenue des classes, au choix des auteurs qui devaient y être expliqués, et généralement à la discipline scholastique, nous nous contentons de relever un seul article[1] : « Facere possunt magistri et scholares tam per se quam cum aliis obligationes et constitutiones, fide, vel pœna, vel juramento vallatas... pro taxandis pretiis hospitiorum. » — « Pouvoir est donné aux maîtres et écoliers de contracter aussi bien entre eux qu'avec des personnes étrangères, des pactes ou obligations, passés de bonne foi, avec une clause pénale ou sur la foi du serment, en ce qui concerne la taxe de la valeur des loyers. » Après avoir lu cet article, on peut conjecturer, ce semble, sans trop de témérité, que dans les premières années du XIIIe siècle, ce n'était pas chose facile pour les écoliers que de trouver à se loger; que des conditions très-dures leur étaient faites par les propriétaires, et que souvent déjà ils s'étaient plaints de l'avidité de ces derniers, lorsque Robert de Courson, accueillant leurs plaintes, leur fournit les moyens de se protéger eux-mêmes, et de mettre fin aux exigences déraisonnables dont ils se disaient victimes.

Toutefois, l'autorité d'un cardinal, légat du Saint-Siége, quelque vénérée qu'elle fût alors, ne suffisait pas pour faire accepter ses décisions par toutes les parties intéressées, alors que les dites décisions portaient une grave atteinte aux droits et à la liberté des propriétaires. Aussi quinze ans s'étaient écoulés depuis le statut de Robert de Courson, sans que la situation à laquelle il avait voulu remédier se fût améliorée sensiblement, lorsque le pape Grégoire IX, par ses lettres du 14 avril 1231[2], fit appel à l'autorité royale en faveur des écoliers de Paris, et supplia le roi Louis IX de leur accorder le droit de faire établir la taxe des loyers à leur usage par l'entremise de deux maitres de l'Université et de deux bourgeois assermentés. Le pape rappelle que le réglement qu'il sollicite est conforme à l'usage, *sicut fieri con-*

1. Du Boulay, t. III, p. 82.
2. Du Boulay, t. III, p. 143.

suevit; d'où nous pouvons conclure que la taxe des loyers était déjà passée en coutume; mais en même temps il demande qu'elle soit autorisée, *hospitiorum taxationem per duos magistros et duos burgenses fideliter faciendam sine difficultate concedas :* ce qui paraît prouver clairement que, si elle avait existé jusque là, c'était sans l'autorisation du roi et non sans difficulté.

Quoi qu'il en soit, il n'eût pas été d'une sage politique de mécontenter l'Université de Paris, toujours prompte à s'irriter, et qui peu d'années avant, sous un prétexte frivole, avait interrompu ses leçons, menacé de se transporter dans un autre pays et permis à quelques-uns de ses maîtres d'aller se fixer en Angleterre. Aussi Louis IX, de l'avis de son conseil et de sa mère, Blanche de Castille, accéda sans peine au vœu du Souverain-Pontife, comme nous l'apprenons par une bulle du pape Innocent IV, du 5 mars 1244[1], dans laquelle il est dit que la taxe des loyers fut établie, *de voluntate et consensu charissimi in Christo filii nostri illustris Francorum regis.*

Mais ce n'était pas seulement la cupidité des propriétaires qu'il importait de réprimer dans l'intérêt des études par une taxation équitable de leurs maisons; il fallait aussi contenir les rivalités des étudiants et de leurs maîtres eux-mêmes, qui se disputaient à prix d'argent et trop souvent s'enlevaient sans scrupule, par une surenchère déloyale, l'habitation ou la salle de classe que le premier détenteur croyait s'être assurée. Telle était alors, avec beaucoup d'éléments d'une prospérité certaine, la misérable condition de l'enseignement à Paris : maîtres et écoliers y affluaient; mais les premiers ne savaient où enseigner, ni les seconds où se loger.

En 1239, une lettre de Jacques, évêque de Preneste, légat du Saint-Siége, dont nous avons retrouvé et publié le texte inédit jusqu'à nous[2], enjoint au chancelier de faire publiquement défense à tout maître et à tout écolier de louer le local occupé par un autre, sans le consentement du détenteur, à moins que celui-ci n'ait refusé, par pure malice, de le céder : « Quia non omnes qui Parisius ad studendum veniunt, moribus que scientiam afferunt, se exercent; immo unus ad alterius aspirans hospicium, ipsum sibi reddit interdum pretii carioris; nos volentes indemni-

---

1. Du Boulay, t. III, p. 196.

2. Voyez notre *Index chronologicus chartarum pertinentium ad historiam universitatis Parisiensis*, n° LV.

tati eorum consulere ac presumptioni malignantium obviare, discretioni tue, qua fungimur auctoritate mandamus quatinus inhibitionem facias generalem, in scolis singulis publicandam ut nullus magistrorum seu scolarium Parisiensium, alterius conducat hospitium, quamdiu ipsum absque manifesta malicia retinere voluerit inquilinus. »

Mais sur ce point particulier, comme sur la matière des logements en général, le document capital est le statut du mois de février 1244[1], adopté après mûre délibération, par le suffrage unanime, *de communi consensu*, des maîtres de l'Université.

Nul, s'il n'est régent, n'occupera une salle d'école pour y enseigner.

Nul ne s'emparera de la salle d'école occupée par un régent, tant que celui-ci y donnera des leçons, et s'acquittera des obligations par lui contractées envers le propriétaire.

Nul, moyennant surenchère, ne se rendra locataire d'une maison louée par un autre.

Nul ne paiera pour une école un loyer supérieur au prix de la taxe.

Si un écolier ou un maître loue une maison et qu'il veuille en affecter une partie à des écoles, il sera tenu compte dans la taxe desdites écoles du prix de location de la maison.

Nul ne se rendra locataire d'une maison, tant que ceux qui l'occuperont voudront y demeurer, et qu'ils s'acquitteront de leurs obligations, conformément à la coutume de Paris.

Si le propriétaire d'une habitation refuse de la céder au prix fixé, offert par un écolier qui présente toute garantie, l'habitation sera interdite pendant cinq années. L'écolier ou le maître qui aura loué une habitation interdite ou qui, ayant séjourné dans cette habitation, ne la quittera pas au plus tôt, sur l'injonction soit du recteur, soit du bedeau, du procureur ou du messager envoyé par le recteur, sera considéré comme déchu des priviléges de l'Université.

Cette dernière clause était la seule sanction, mais la sanction très-efficace, des mesures prises par l'autorité ecclésiastique et par l'autorité civile pour modérer la cherté des loyers. A quels soucis en effet, à quels mauvais tours, à quel préjudice ne s'exposait pas le propriétaire imprudent qui entrait en lutte avec cette

1. Du Boulay, t. III, p. 195.

puissante corporation de l'Université de Paris? Quant aux maîtres et aux écoliers réfractaires, leur situation n'aurait pas été meilleure, et chacun avait intérêt à respecter des réglements qui tournaient au profit de tous et dont les bourgeois seuls pouvaient se plaindre.

Le pape Innocent IV par sa bulle du 6 mars 1244 approuva la délibération de l'Université et défendit à son tour que nul maître et nul écolier ne prît à loyer la maison occupée par un autre ou une maison interdite. *Ne aliquis alterius scholas aut hospitium, absque illius consensu, vel scholas aut hospitia a magistris vel officiali Parisiensi interdicta, conducere vel retinere presumat.*

Ce qu'il faut savoir, c'est que personne n'échappait à la taxe des loyers. Les ordres religieux et même le clergé séculier cherchaient à y soustraire les immeubles qu'ils possédaient à Paris, mais ils ne réussirent pas à obtenir une exception en leur faveur. En même temps que la bulle directement adressée à l'Université, que nous venons de rappeler, Innocent IV en adressait au chancelier une autre dans laquelle il blâme sévèrement la conduite tenue par les religieux et par les prêtres; il trouve scandaleux que les membres du clergé régulier ou séculier se refusent à des sacrifices imposés aux laïques et qu'ils auraient dû être les premiers à accepter. Il enjoint en conséquence au chancelier de rappeler les Templiers, les Hospitaliers, les Cisterciens, ceux de Prémontré, et tout le clergé en général au respect de la loi qui est commune à tous les propriétaires[1]. Cette interprétation équitable d'un réglement vexatoire peut-être, mais devenu nécessaire, se trouva confirmée le 28 juin 1277, dans une délibération aussi solennelle que l'avait été celle du mois de février 1244. Les quatre Facultés de théologie, de droit, de médecine et des arts étaient présentes; elles donnèrent toutes leur assentiment; et le procès-verbal de la séance porte à juste titre que les conclusions adoptées furent

1. « Verum quia non nulli religiosi et clerici seculares qui domos habent Parisius, taxari domos ipsas minime patiuntur, propter quod grave scandalum oritur inter cives, provideri super hoc per sedem apostolicam petierunt. Cum igitur indignum sit ut iidem religiosi et clerici in hoc exhibeant se difficiles, in quo alios, præcipue laicos, decet eos benevole prævenire, discretioni tuæ per apostolica scripta mandamus, quatenus, si ita est, taxatores idoneos, sicut in taxatione hospitiorum laicorum, sic in eorumdem religiosorum, etsi Templarii, Hospitalarii, Cistercienses aut Præmonstratenses, aut cujuscumque ordinis fuerint, et in clericorum domibus auctoritate nostra deputare procures. » (Du Boulay, t. III, p. 196.)

l'œuvre de l'Université tout entière, *per totam Universitatem, quatuor Facultatibus hoc volentibus.*

Il s'agit maintenant de voir en action ces dispositions administratives dont nous ne connaissons encore que l'intention et le texte. Les archives de l'Université, qui font aujourd'hui partie de la bibliothèque de la Sorbonne, nous fournissent à cet égard un renseignement précieux : c'est le texte original de la taxe établie en 1281, 1282, 1286, 1287 et 1288 par les commissaires chargés de cette délicate opération. Le document a une certaine étendue, et comme nous l'avons publié dans notre *Index chartarum pertinentium ad historiam Universitatis Parisiensis,* nous croyons superflu de le reproduire intégralement; nous nous contenterons d'en extraire quelques faits choisis parmi beaucoup d'indications qui ne sont pas inutiles tant pour la topographie de l'ancien Paris que pour l'histoire de ses écoles.

Voici pour chaque année les noms des commissaires qui furent chargés de fixer le prix des loyers :

En 1281, deux maîtres en théologie : Me Adam de Gouly et Pierre de Vilarceaux; ils taxèrent 18 maisons.

En 1282, deux maîtres en théologie : frère Hugues de Billom, de l'ordre des Frères Prêcheurs, et Frère Allot, de l'ordre des Frères Mineurs, et quatre maîtres ès-arts ou bourgeois dont deux sont nommés dans notre document, Jean qui dort, dit l'*Ancien,* et Nicolas d'Auxerre : ils taxèrent 42 maisons.

En 1286, deux maîtres en théologie : Frère Gilles, peut-être Gilles de Rome, et Jacques Dalos; quatre maîtres ès-arts et deux bourgeois : ils taxèrent 29 maisons.

En 1287, maître Ernoul de Bruxelles et frère Remond Rigauld, maîtres en théologie, assistés de quatre maîtres ès-arts et de deux bourgeois : ils taxèrent 17 maisons.

En 1288, trois maîtres en théologie, Me Jean de Muni, Me Pierre de Saint-Omer et Lambert dit Boucher, quatre maîtres ès-arts, Me Guillaume d'Auxerre, Me Gilles d'Angrene, Me Jean Case, et Me Jean Hasse; ils taxèrent 18 maisons.

Nous citerons quelques-unes des maisons qui furent ainsi taxées dans ces différentes années :

Et d'abord en 1281 :

La maison de Me Clément, prêtre d'Issy, située sur la place Maubert, devant la maison de la Halle : taxée 6 livres.

La maison de Me Guillaume de Charleis, rue Saint-Come, devant la maison au Cerf : 4 livres et demie.

La maison neuve des Sorbonistes, dans le cloître Saint-Benoit : 20 livres.

La maison de l'église de Blois, vers le milieu de la rue qui allait de la porte d'Enfer à Saint-Jacques : 13 livres.

Les écoles au Grand-Breton, rue d'Arras : cent dix sous.

La maison de l'Hôtel-Dieu, rue Pierre Sarrasin, près d'un terrain non bâti : 7 livres.

La maison de Guillaume de Saint-Cyr, rue Serpente, avec un petit pré et un cellier, sans les étables : 18 livres.

La maison de Jean de Boigeval, rue Sainte-Geneviève : 50 sous.

La maison de Richard le Fenier, rue du Plâtre : 8 livres 4 s.

La maison de Pierre d'Auvergne, rue Saint-Victor, près la rue Alexandre l'Anglois : 8 liv.

La maison des héritiers de Guillaume de Poncel, rue Pavée, près la maison d'Étienne de Moret : 6 livres 5 sous.

La maison des Deux moutons : 6 liv. 7 sous.

Les écoles de Thomas Flamang, ayant trois portes, avec colonnes : 11 sous.

La maison de Hugues de Hermen, avec étables, rue Pavée : 8 livres pour la maison ; 10 sous pour les étables.

La maison de Me Yves, doyen de Clisson, devant la maison des comtes de Bar : 16 livres.

La maison de Me Yves, chanoine de l'abbaye de Saint-Mellon, à Pontoise, rue Sainte-Geneviève : 10 livres et demie.

La maison de Nicolas, dit le Maçon, aux Carneaux, rue Saint-Hilaire : 7 livres.

La maison de Nicolas l'Imagier, rue Sainte-Geneviève : 60 liv.

— En 1282 :

La maison du neveu de l'évêque de Cahors, rue de la Bucherie : 108 sous.

La maison d'Adam d'Arras, composée de cinq chambres, rue Galande : 100 s.

La maison de l'Hôtel-Dieu, rue Saint-Jacques, à l'enseigne de la Clef : 6 liv. et demie.

La maison d'Étienne de Limoges, rue du Plâtre : 105 sous.

La maison neuve de Michel Fresnel, rue Saint-Jacques : 8 s.

La maison des écoliers de Sorbonne, rue des Sorbonistes, la

première maison en venant de Saint-Côme, qui sert d'habitation aux clercs : 10 liv.

La maison de Gui de Grève, devant la maison de Robert de Thourette : 9 livres et demie.

La maison de Thibault le Breton, rue des Amandiers, comprenant quatre chambres, un cellier et une grande cuisine : 7 livres.

La maison de Gui de Grève, au-dessus de l'église Saint-Hilaire, en face la rue du Chaudron, comprenant cinq chambres, une cuisine au rez-de-chaussée, un cellier et des étables : 12 livres.

La petite maison de Mathieu Lombard, rue du Four, composée de cinq chambres, d'une sixième chambre au-dessus de la cuisine, sans office : 110 sous.

La maison de Gilbert de la Voute, rue Charretière : 4 livres 10 sous.

La maison de Mᵉ Remy, rue Sainte-Geneviève, ayant douze chambres, un bon cellier et une petite cuisine : 10 livres.

— En 1286 :

La maison de Jean de Limoges, rue Saint-Victor : 8 livres.

La maison de maître Henri Rance, ancien chanoine de Paris, rue Sainte-Geneviève : 16 livres et demie.

La maison de Richard le Bourguignon, rue du Clos-Bruneau : 4 livres 10 sous.

La maison d'Odon de Neauphle, rue Sainte-Geneviève, près la porte Saint-Marcel, aux quatre fils Aymon : 10 livres 10 sous.

La maison du chapitre de Saint-Marcel, rue Charretière : 9 liv. 10 sous.

La maison de dame Agathe la maréchale, rue Saint-Jacques, à la longue entrée : 10 livres.

La maison de dame Denise d'Aneires, rue Gervèse Loharenc, aujourd'hui Gervais Laurent, 11 livres.

— En 1287 :

La maison de défunt Jean, le bedeau, rue Saint-Victor : 9 livr.

La maison de Guillaume, dit le Clerc-Fourré, rue des Lavandières : 68 sous.

La maison de Henri de Grève, rue Saint-Séverin : 4 liv.

La maison d'Archambaut le cordonnier, rue de la Harpe : 6 liv. 10 sous.

La maison de Marie de Sens, rue du Plâtre : 18 sous.

— En 1288 :

La maison neuve de Saint-Mathurin, rue Saint-Jacques : 9 liv. et demie.

La maison de Guillaume dit Hereford, rue de la Harpe : 4 liv.

La maison de Pierre de l'Encloistre, rue Pierre Sarrasin : 8 liv. cinq sous.

La maison d'Élie, dit le Rouge, rue Saint-Jacques, devant Saint-Mathurin : 8 liv. 12 s.

La maison de Saint-Victor, près la maison des quatre fils Aymon, rue Saint-Victor : 14 livres.

La maison du chapitre de Saint-Étienne des Grès, rue Saint-Jacques : 10 liv.

Le document auquel nous avons emprunté les indications qui précèdent, indications que nous aurions pu facilement étendre, suggère diverses observations.

Remarquons d'abord que la nomenclature des maisons taxées ne comprend pas toutes celles qui étaient ou qui pouvaient être habitées par les écoliers, utilisées par les maîtres pour leur enseignement. En effet, chaque année la nomenclature change : les maisons mentionnées dans une liste ne le sont pas, à bien peu d'exceptions près, dans la liste suivante. Il résulte évidemment de là que les titres que nous avons sous les yeux ne renferment que des additions ou des modifications aux listes anciennes et qu'il a dû exister un tableau général contenant le taux de tous les loyers du quartier latin, tableau qui n'est pas parvenu jusqu'à nous.

Un autre point à noter, c'est le prix auquel les commissaires taxateurs évaluent la location de chaque maison taxée. Ces différents prix représentent le loyer d'une année entière, mais d'une année seulement. C'est ce qui nous paraît résulter du texte même de notre document. Ainsi, en 1281, à propos de la maison neuve des Sorbonistes, il est dit qu'elle est taxée, comme l'année précédente, à vingt livres parisis, *ad viginti libras parisienses, sicut anno præterito*. Et plus loin, en 1282, en taxant à 8 livres la maison de Michel Fresnel, les taxateurs ont soin d'ajouter que la taxe est ainsi fixée pour la présente année seulement, *ad istum annum solum*. Même observation en 1287 au sujet de la maison de Henri de Grève; elle est taxée à 4 liv. pour la présente année, *in isto anno*.

Nous pouvons apprécier dès lors quel était le loyer annuel des maisons qui étaient susceptibles de servir d'habitation ou d'école aux étudiants et à leurs maîtres. Les plus grandes maisons, comme la maison des Sorbonistes, coûtaient 20 livres, d'autres 18 livres, d'autres 8 livres, 7 livres, 6 livres, c'était le plus grand nombre. Les écoles de Thomas Flamang, en 1281, ne sont taxées que 11 sous. Toutes ces évaluations ont certainement lieu en monnaie parisis, bien que le mot *parisis* ne soit pas ajouté d'une manière constante aux mots sou et livre. La livre parisis sous le règne de saint Louis et de ses premiers successeurs, d'après les tables dressées par M. de Wailly[1], valait 22 francs 46 centimes. Le loyer de la maison des Sorbonistes évalué 20 livres représente donc 449 francs 33 centimes; le loyer des écoles de Thomas Flamang représente 12 francs 35 centimes. S'il y a un grand écart entre ces deux chiffres, on voit qu'il y a un abîme entre les loyers actuels et les loyers d'autrefois. On voit aussi qu'à la faveur des mesures prises par l'autorité ecclésiastique et par l'autorité civile, les étudiants de l'Université de Paris de la fin du treizième siècle pouvaient se loger à bon marché.

Mais ce qu'il ne faut pas oublier, c'est que la difficulté de trouver un gîte à peu près convenable, qui ne fût pas trop dispendieux, n'existait pas pour les écoliers de Paris seulement; elle pesait du même poids sur ceux des autres Universités, notamment dans la ville d'Oxford. Aussi cette grande école d'Oxford, qui balança la renommée de l'école de Paris, avait elle-même des statuts protecteurs, analogues aux réglements que nous venons de faire connaître. La taxe des loyers s'y faisait en vertu d'une charte royale, tous les cinq ans; elle était confiée à deux clercs et à deux laïcs; les clercs prêtaient serment à l'Université; les laïcs au roi. Quand les premiers avaient à prêter un nouveau serment, la même obligation était imposée aux seconds.

Un statut de 1290 qui rappelle et confirme ces dispositions en parle comme d'une coutume déjà ancienne[2].

---

1. *Recueil des historiens de France*, t. XXII, p. LXXIX.

2. « Ad quod Dominus Rex vult et firmiter præcipit quod taxationes domorum in villa Oxoniæ, fiant de quinquennio in quenquennium, prout in carta domini regis, per duos clericos et duos laïcos juratos, et si clerici jurent per sacramentum quod fecerunt Universitati, laïci jurent per sacramentum quod Domino regi fecerunt; et si clerici novum faciant juramentum, quod laïci hoc faciant, et in loco ubi temporibus retroactis facere consueverunt. » (*Munimenta Academica, or Documents illustrative of Aca-*

Cependant cet usage de taxer les loyers n'était qu'un expédient très-insuffisant pour assurer aux écoliers une habitation convenable. Aussi dès que leur nombre se fut multiplié, vit-on de généreux bienfaiteurs, des évêques, de simples prêtres, des communautés religieuses, de hauts et puissants personnages fonder des colléges qui étaient autant d'asiles ouverts à la jeunesse studieuse et dans lesquels elle trouvait la plus utile hospitalité.

Le plus ancien collége de l'Université de Paris paraît avoir été le collége des *Dix-huit*, qui remonte au moins à l'année 1180. En 1256 fut fondé le collége de Sorbonne; en 1268, le collége du Trésorier; en 1280, le collége d'Harcourt; en 1290, le collége de Tournai; en 1291, le collége des Cholets; sans parler des maisons établies par plusieurs ordres religieux, comme les Bernardins, les Blancs-Manteaux, les Carmes, les Cordeliers, les Frères-Prêcheurs, ceux de Prémontré, ceux de Cluny, en faveur des novices ou des frères de l'ordre qui venaient étudier à Paris. Au quatorzième siècle, les fondations de ce genre se multiplièrent. Ce fut alors qu'on vit s'élever les colléges d'Arras, d'Autun, de Bayeux, de Beauvais, de Boissy, de Boncourt, de Bourgogne, de Calvi, de Cambrai, du Cardinal-Lemoine, de Cornouailles, de Dainville, des Écossais, de Fortet, de Huban, de Justice, de Laon, de Lisieux, des Lombards, de Maître Gervais, de Marmoutiers, de Mignon, de Montaigu, de Narbonne, de Navarre, du Plessis, de Presles, de Saint-Michel, de Tours, de Tréguier. Au quinzième siècle, s'élevèrent encore les colléges de la Marche, de Reims, de Séez et de Coquerel; au seizième siècle, les colléges du Mans, de Sainte-Barbe et des Grassins. En vertu des actes de fondation, chacun de ces colléges devait recevoir un certain nombre de boursiers qui s'y trouvaient logés et nourris, bien qu'ils dussent le plus souvent aller s'instruire ailleurs; car l'enseignement, pas plus celui des lettres que celui du droit et de la théologie, ne se donnait

---

demical life and studies of Oxford, by rev. Henry Anstey. London, 1868, in-8°, t. I, p. 56.) Nous emprunterons à ce précieux recueil, trop peu connu en France, une autre citation qui prouve le soin avec lequel l'Université d'Oxford, comme celle de Paris, s'efforçait de garantir à ses maîtres le libre usage des écoles où ils avaient enseigné une première fois; elle fait partie d'un statut de 1250 : « Statutum est de communi consensu magistrorum et pro eorum quiete et studentium, quod si aliqui inhabitent domos in quibus fuerint aliquando scholæ, quod omni modo sine aliqua contradictione liberentur magistris in eisdem legere volentibus... »

dans tous les collèges. Il serait assez difficile, et peut-être n'est-il pas nécessaire de dresser le tableau exact des bourses qui furent ainsi fondées. M. de Laverdy[1] en comptait 388 dans les petits collèges qui furent réunis en 1763 au collège Louis le Grand; dans les autres collèges, y compris ceux qu'on appelait grands collèges ou collèges de plein exercice, il en existait environ 250. C'était donc pour l'Université de Paris, prise dans son ensemble, un total d'à peu près 650 bourses, chiffre qui sera jugé bien insuffisant, très-minime même, si on met en regard la masse des écoliers qui fréquentaient naguère les écoles de Paris, et que l'ambassadeur de Venise, Marino Cavalli, évaluait encore en 1546, de seize à vingt mille[2]. Mais il importe de considérer que la création des collèges avait été bientôt suivie de l'établissement des pédagogies ou pensionnats, annexés le plus souvent aux collèges, et dans lesquels étaient reçus et entretenus à prix d'argent les écoliers qui n'avaient pas la jouissance d'une bourse. Mieux valait assurément pour eux, à tous les points de vue, être remis par leurs familles aux mains d'un pédagogue ou maître de pension, que d'aller chercher un gîte dans quelque mauvaise chambre d'une maison particulière. Les plus anciens baux de pédagogie que nous connaissons datent du seizième siècle[3]; mais les pédagogies remontent beaucoup plus haut; elles furent dès l'origine le complément heureux de la fondation des collèges; elles utilisèrent le plus ordinairement les locaux vacants que les collèges possédaient, sans pouvoir, faute de revenus, y placer des boursiers; en tout cas, elles comblèrent une lacune dans l'organisation de l'enseignement public et répondirent à un besoin qui devenait d'autant plus sensible que les études étaient plus florissantes.

Mais tandis que, soit sous une forme, soit sous une autre, les moyens de se loger se multipliaient pour les étudiants, on comprend que le prix des logements ait baissé et que la taxe des loyers soit devenue moins utile. Est-ce pour ce motif qu'à partir de 1277 nous n'en trouvons plus de trace à Paris? Il est vrai que

---

1. *Compte-rendu du 12 novembre 1763 concernant la réunion des boursiers fondés dans les collèges de non-plein exercice sis en la ville de Paris*, in-4°, p. 76.

2. *Relations des ambassadeurs vénitiens*, etc., publiées par Tommaseo. Paris, 1838, in-4°, t. I, p. 263.

3. Nous avons nous-même publié deux de ces baux, l'un de 1506, l'autre de 1542. Voyez notre *Index chronologicus*, n°s MDXLVI et MDCCLIX.

nous la retrouvons en 1290 à Oxford, comme on l'a vu plus haut; mais à Oxford même a-t-elle subsisté longtemps? Il est vraisemblable qu'elle est tombée peu à peu en désuétude, que les règnes désastreux de Jean le Bon et de Charles VI la firent oublier et qu'au retour de la paix, dans la seconde moitié du règne de Charles VII, étant devenue moins nécessaire, elle n'a pas été rétablie.

Ce qu'il y a de certain, c'est qu'au temps d'Étienne Pasquier, c'est-à-dire à la fin du seizième siècle, les étudiants qui fréquentaient les écoles de Paris se trouvaient partagés en deux classes, les *pensionnaires* ou *caméristes*, logés et nourris par un principal ou un pédagogue, le plus souvent dans un corps de bâtiment attenant à un collége, puis les *martinets* ou *galoches*, logés en ville, là où ils avaient trouvé un gîte qu'ils quittaient pour assister à la leçon de leur régent[1].

On n'aura nulle peine à croire que les martinets et les galoches, livrés en grande partie à eux-mêmes, affranchis sinon de toute surveillance, du moins de toute direction, se montraient les plus indisciplinés de tous les écoliers. Ils se signalèrent par leur turbulence lors de la grande émeute qui eut lieu en 1557 au Pré aux Clercs. A cette occasion plusieurs furent emprisonnés, et l'un d'eux, quoiqu'il se dit clerc tonsuré, fut condamné à être pendu. Il est juste d'ajouter qu'ils ne furent pas les seuls auteurs du désordre si sévèrement réprimé et qu'on avait vu figurer parmi les émeutiers un écolier du collége d'Autun, à qui le recteur, dit l'Université dans une lettre au roi, « a fait donner la salle[2], » c'est-à-dire qu'il ordonna de fustiger. Nous sommes aussi loin de ces mœurs que du siècle qui en fut témoin. Nous possédons pour l'enfance et pour la jeunesse des lycées, des colléges et des maisons d'éducation particulières, qui ont des salles d'études, des réfectoires et des dortoirs spacieux, et qui réunissent les meilleures conditions de bonne discipline et d'hygiène. Nos étudiants en droit et en médecine qui n'habitent pas avec leur famille, sont, il est vrai, abandonnés à eux-mêmes et réduits à chercher un gîte dans quelque hôtel du quartier latin; mais ils sont mieux logés, mieux nourris que ne l'étaient leurs devanciers; et bien que leurs mœurs ne soient pas irréprochables, que de loin en loin ils

1. Pasquier, *Recherches*, etc., l. IX, ch. 17.
2. Du Boulay, *Hist. univ.*, t. VI, p. 513.

troublent encore la paix des rues, ils ne se livrent presque jamais à des désordres qui appellent sur eux les dernières sévérités de la loi. Là, comme en d'autres points, se font remarquer le progrès et l'avantage de notre civilisation.

Imprimerie Gouverneur, G. Daupeley à Nogent-le-Rotrou.

www.ingramcontent.com/pod-product-compliance
Lightning Source LLC
LaVergne TN
LVHW010337230826
846091LV00009B/3919

* 9 7 8 2 0 1 9 2 3 3 7 3 0 *